Das Paradies ist nicht möbliert

Die Deutsche Bibliothek - CIP-Einheitsaufnahme
Lange, Udo:
Das Paradies ist nicht möbliert : [Räume für Kinder] / Udo Lange ; Thomas Stadelmann. -
2. Aufl.. - Neuwied ; Berlin : Luchterhand, 2001
(Hundert Welten entdeckt das Kind)
ISBN-3-472-04681-3

Redaktion: Eva Grüber
Gestaltung und Satz: Jens Klennert, Tania Miguez
Druck und Bindung: sachsendruck GmbH, Plauen
Printed in Germany, März 1999

Hundert Welten entdeckt das Kind

Udo Lange
Thomas Stadelmann

Das Paradies ist nicht möbliert

Luchterhand

INHALT

„Das Schwierige ist nicht, Dinge zu machen, sondern die Bedingungen zu schaffen, unter denen man auf die Dinge verzichten kann." Constantin Brancusi

Kinder beherrschen die Meisterschaft des freiwilligen Verzichtes. Im Spiel benötigen sie erstaunlich wenig Dinge, um ihr eigenes Reich zu erschaffen. Hier läßt sich respektlos die Welt auf eine Größe schrumpfen, die überschaubar ist und der sich die Spielenden aktiv annähern können. Ihre unmittelbare Umgebung beherbergt eine Fülle an unvergleichlichen Gegenständen, die Neugierde, Aufmerksamkeit und ungestümen Tätigkeitsdrang herausfordern. So mag es nicht verwundern, daß Kinder schon sehr früh genaue Vorstellungen davon besitzen, wo und mit was es sich gut spielen läßt. Als die geborenen „Experten in eigener Sache" wollen sie mitentscheiden, verändern, hinzufügen und sich nicht nur an Vorgegebenes anpassen. Doch die materielle Fürsorglichkeit der Erwachsenenwelt blockiert häufig den elementaren Selbstfindungsprozeß der Heranwachsenden. Im Alltagsleben decken sich selten die Vorstellungen und Bedürfnisse von Kindern und Erwachsenen bei der Frage, was unter Raumkultur und Lebensqualität zu verstehen ist.

Die Geschichte der Kindheit zeigt, daß wir Erwachsenen uns zu allen Zeiten schwertaten, das Selbstbestimmungsrecht von Kindern als einen Motor ihrer Entwicklung zu begreifen. Zudem verdeutlichen unsere Vorstellungen über die Gestaltung „kindgerechter" Räume auch immer pädagogische Absichten. Die aufgeräumten Kinderstuben des beginnenden Jahrhunderts mit ihrer biedermeierlichen Gemütlichkeit vermittelten ebenso unausgesprochene Botschaften, wie heute das flotte Jugendzimmer aus dem Komplettangebot des supergünstigen Möbelmarktes gleich um die Ecke. Das Paradies war schon immer möbliert. Unsere Kindergärten machen da keine Ausnahme. Und das nicht erst seit der Entdeckung des Schmaus-Schörlschen-Raumteilverfahrens in den frühen sechziger Jahren. Dieser angestaubte Klassiker der Möblierungskunst zählt noch heute zu den Ausbildungsstandards angehender ErzieherInnen. Der Raumteiler hat sich in bundesdeutschen Kindergärten etabliert und hält sich ebenso hartnäckig wie die Vorstellung, daß jeder Gruppenraum eine eigene Bauecke benötigt.

Warum müssen sich in den pädagogischen Einrichtungen Maltische, Kinderküchen, Puppenstuben, Rollenspielbereiche, Flure, Waschräume und Eingangshallen so auffallend ähneln? Daß die typischen Katalogmöbel der großen Kindergartenausstatter dieses uniforme Erscheinungsbild unterstützen, verwundert nicht. Noch immer werden Räume für Kinder „von der Stange" geliefert und bereitwillig finanziert.

Über Jahre hinweg wurde der großangelegte Versuch unternommen, kindliche Bedürfnisse durch einen normierten Filter zu pressen und Spielcontainer anzubieten, die als Massenware an jedem beliebigen Winkel dieser Republik installierbar sind.

Sicher, es wäre utopisch schön, so manchen dieser betonierten Flachdachkinder-
gärten dem Baggerzahn auszuliefern. Hier spiegelt sich häufig ein trauriges Kapitel
unserer Architekturgeschichte und phantasieloser Bauherrenmentalität.
An besagten Bauten läßt sich auch immer ein mangelndes gesellschaftliches
Verantwortungsbewußtsein für die jüngsten und meist wehrlosen Mitglieder unserer
Gesellschaft aufzeigen.

Doch diese Erkenntnis reicht nicht aus, den Leidensdruck zu mildern, dem nicht nur
die Kinder ausgeliefert sind. Leidensdruck nicht unbedingt im Sinne einer materiellen
Verarmung, vielmehr denken wir an die Verarmung unserer Gefühle, Sehnsüchte und
Ausdrucksbedürfnisse, die in der Phantasielosigkeit und Rigidität bei der Planung und
Gestaltung von kindgerechten Räumen sichtbar wird. Niemand kann sich aus der
Verantwortung entlassen und darauf warten, von übergeordneter Stelle eine
pädagogische Institution angeboten zu bekommen, die den Bedürfnissen aller Akteure
gerecht wird. Es wird bei uns liegen, gemeinsam mit den Kindern Räume zu erobern,
diese neu zu interpretieren und Handlungsspielräume zu erkennen, die eine
fortschrittliche und bedürfnisorientierte Pädagogik ermöglicht. Auf die Gestaltungspraxis unserer Einrichtungen bezogen hat dies zur Folge, daß auch die räumlichen und
materiellen Rahmenbedingungen als unabdingbare Entwicklungsfaktoren einer
„gelungenen Kindheit" zählen und als zukünftiger Qualitätsmaßstab dienen werden.

Die Zusammenhänge zwischen pädagogischem Konzept und einer entsprechenden
Raumgestaltung sind hinlänglich bekannt. Der pädagogische Alltag im Elementarbereich
ist heute vor allem dadurch gekennzeichnet, daß die Eigentätigkeit, Selbständigkeit und
Wahrnehmungsfähigkeit der Kinder in zunehmendem Maße an Beachtung gewinnen.
Sobald wir das Kind als Akteur seiner eigenen Entwicklung begreifen, benötigen wir
großzügige Raumkonzepte, die nicht auf Anpassung ausgerichtet sind, sondern vor
allem persönliche Formen der Aneignung und Selbstbestimmung herausfordern.
Daß wir mit solch einem Konzept die Öffnung von Gruppenräumen vorantreiben,
versteht sich von selbst. Denn Kinder wollen überall lernen, am liebsten im tätigen

Dialog mit Gleichaltrigen und ohne die wohlmeinende Belehrung und Beaufsichtigung durch die Erwachsenen. Diese Betrachtungsweise und der Verzicht auf eine ausschließliche Funktionsorientiertheit von Räumen ermöglichen überhaupt erst ein Nachdenken über mögliche Autonomieformen der Kinder. Vor allem die Jüngsten leben noch in einer Welt, wo alle Dinge beseelt und mit Leben erfüllt sind. Sie wollen ihre Räume lustvoll bewohnen und legen hierbei manchmal eine Unordnung an den Tag, die für viele Erwachsenen provozierend ist. Doch gerade in dem vermeintlichen Chaos offenbaren sich die Offenheit, Originalität und Ausdruckstiefe kindlichen Spieles. Betrachten wir dies vielmehr als ein Privileg der Kinder, das uns Erwachsene nicht beunruhigen sollte.

Bei unserer Suche nach dem unmöblierten Paradies waren wir auf leidenschaftliche Führer und sachkundige Experten angewiesen. Wir möchten an dieser Stelle allen Kindern und Junggebliebenen danken, die uns in einige ihrer Geheimnisse einweihten und Wege öffneten, um dem Unfassbaren, Unkontrollierbaren und immer wieder Überraschenden den gebührenden Raum zu geben.

Die folgenden Kapitel erheben nicht den Anspruch, umfassend und systematisch über Bau und Ausstattung pädagogischer Einrichtungen zu berichten. Sie sind vielmehr ein sinnliches Angebot, gewohnte Sehweisen zu verlassen und in Veränderungsprozesse einzusteigen, die den pädagogischen Alltag erst mit Leben füllen. So sei auch allen ErzieherInnen gedankt, die mit ihrer Begeisterungsfähigkeit und dem nötigen Mut den Ideen Gestalt gaben.
Wir wünschen uns, daß möglichst viele der Anregungen über die Kindergärten auch in die Elternhäuser getragen werden und sich so gemeinsame Formen einer neuen Wohnkultur entdecken lassen. Keine der Gestaltungsideen begreifen wir als etwas Statisches, vieles wird sich erst mit den Aktivitäten der Kinder entfalten und somit beständig weiter entwickeln.

Zelte, Höhlen und Verstecke

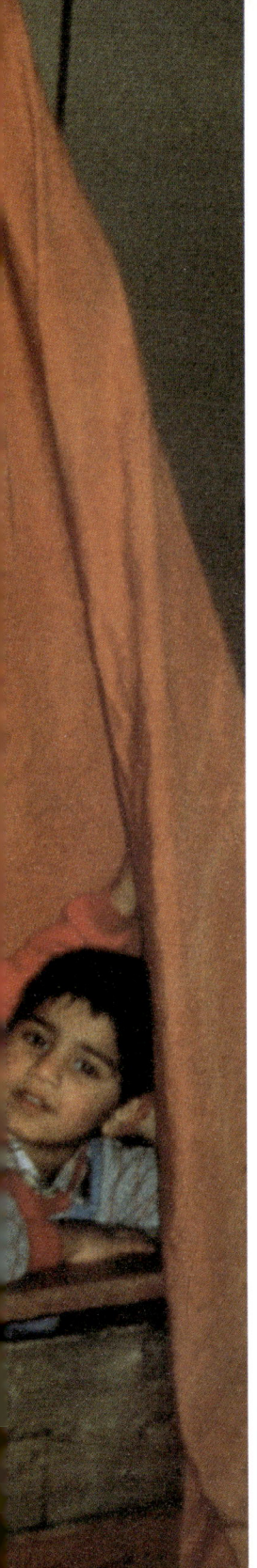

Die frühesten Zeugnisse menschlicher Architektur
sind Zelte, Höhlenbauten und improvisierte Nester,
die als Schutz, Schlupf und Versteck dienten.
Kinder fühlen sich noch heute in diesen
ursprünglichen Behausungen heimisch.
Zelte sind das Reich der kleinen Nomaden,
erst die Seßhaften erfanden das Haus.

Zelte bieten wunderbaren unmöblierten Spielraum
in Bodennähe. Engräumige Höhlen mit ihrem
geheimnisvollen Dämmerlicht sind wie geschaffen
für die Körpermaße der heranwachsenden Baumeister.
Und das gut getarnte Versteck ermöglicht, unbemerkt
die Welt zu beobachten, ohne selbst gesehen zu werden.

All diese Bauwerke gehören den Kindern und stehen
immer in enger Beziehung zu ihrer besonderen Form
der Weltaneignung. In diesen Räumen enden oftmals
Einfluß und Zugriff der Erwachsenenwelt.
Hier gelten andere Regeln und Ordnungsprinzipien,
denn das Paradies ist nicht möbliert.

DIE KNOPFHÖHLE

Auf dem Boden ein weicher orientalischer Teppich und darüber der schützende Himmel aus hellen Tüchern. Im Innern der Höhle ein Schatz, der aus einer bunten Vielfalt an Knöpfen besteht. Unter den Gebrauchsgegenständen der Erwachsenenwelt gibt es kaum ein Material, das eine ähnlich große Fülle an unterschiedlichen Farben, Formen und Oberflächenstrukturen besitzt. Der Reichtum solch einer Knopfkiste fordert zu spielerischen Aktivitäten heraus, die sonst mühsam über sogenannte didaktische Materialien initiiert werden müßten.

Sortieren und Ordnen, Schütteln und Rasseln, Bewegen und Greifen, Bewundern und Verstecken, Horten und Teilen – die Möglichkeiten dieser Knopfspiele sind unbegrenzt. Mit bunten Telefondrähten lassen sich die Knöpfe zu Ketten und Girlanden auffädeln. Ein Geduldsspiel, das so manchen Grobmotoriker anspricht und die Gelegenheit gibt, Fähigkeiten zu entdecken, die sonst nur schwer „einzufädeln" wären.

Jedem Knopf werden Eigenschaften und Personen zugeordnet, und das Knopftheater hat Weltpremiere. Auf der Bühne erscheinen die Großmutter, ein Feuerwehrmann, der Kapitän und ein Förster. Schnell entwickelt sich eine Geschichte, die erst weiter erzählt wird, wenn der passende Knopf für die Königin gefunden ist.

Das Eintrittsge[l]
zum Sommerfe[s]
in For[m]
von Knöpfen ode[r]
die sonntäglich[e]
Knopfkollekte i[m]
Familiengottesdiens[t]
vergrößern de[n]
Knopfschat[z]

12

EIN ZELTDORF ZUM SCHLAFEN

„In unserem Kinderhaus benötigen wir für die Ganztages-
kinder einen Ruhe- und Schlafraum. Um die Gruppenräume
zu entlasten, kam nur der Kellerraum in Frage. Allerdings war
es hier besonders nötig, eine kuschelige und ruhige Atmosphäre
zu schaffen.

So entstand die Idee für eine Schlaflandschaft –
einer Schlaflandschaft mit einem Zelt für jedes Kind.

Im Zelt zu liegen, macht Spaß und ist schön heimelig.
Da der Aufbau der Zelte an ein Indianerdorf erinnert,
griffen wir dieses Thema auf und gestalteten die Wände des
Kellerraumes als Prärielandschaft. Der häßliche Betonpfeiler
in der Mitte des Raumes wurde als Totemzeichen
atmosphärisch mit einbezogen.
An die Decke spannten wir Tücher, und es entstand ein
tiefblauer Nachthimmel. Lichterketten als Sterne beleben
den Raum und lassen ihn im sanften Licht erstrahlen.

Seither liegen viele müde Indianer mittags in ihrem Dorf."

Fotos und Berich
Kinderhaus Edith Stein
Konstan

DIE HÖHLE
UNTER DER TREPPE

„Wir befinden uns mitten im Spielbereich der Kinder. Nur die Nische unter der Treppe ließ sich nicht so recht mit einbeziehen. Die Kinder selbst nutzten diesen Raum zum Verstecken, doch war er offen und ungemütlich. Im Team reifte der Gedanke, eine dauerhafte Höhle unter der Treppe entstehen zu lassen.

Einige Vorüberlegungen mußten angestellt werden: Die Höhle sollte stabil sein, optische Ausdruckskraft haben, zum Fühlen anregen und zudem Dunkelheit und Gemütlichkeit bieten.

Da wir mit einem solchen Projekt und den dazugehörenden Materialien bisher keine Erfahrung gesammelt hatten, erstellten wir ein Modell: 'Die Minihöhle'.

Der erste Arbeitsschritt begann dann mit dem Bespannen der Treppenschräge: Wir befestigten ein dunkles Tuch. Eine mit Kork beklebte Spanplatte dient als Boden. An diesem wurde der Hasendraht mit dem Möbeltacker angebracht und in Form gebogen. Die nun vorgefertigte Höhle wurde mit der Treppe stabil verbunden und mit Baumwollstoff bespannt.

An mehreren Tagen trugen die Kinder mit unserer Hilfe dicke Schichten Haftputz auf. Nachdem diese gut getrocknet waren, ging es daran, die letzte Schicht aufzutragen und mit Materialien auszuschmücken. Liebevoll wählten die Kinder Muscheln, Fliesen, Spiegelstücke etc. aus, probierten verschiedene Muster und befestigten alles mit größter Sorgfalt. Als Eingang diente ein Reifen, der mit Hasendraht umschlungen wurde.

Um Verletzungen vorzubeugen und die Höhle ästhetisch abzurunden, nähten wir einen Fellstreifen um den Eingang.

Nun war es endlich soweit. Die neue Spielecke konnte eingeweiht werden. Mit Kindersekt, musikalischer Umrahmung und ein paar festlichen Worten wurde die Höhle zum Spielen eröffnet."

Fotos und Bericht
Kindergarten
St. Franziskus, Singen

17

PAPIERBAUTEN

Der Baustoff Papier ist nicht nur federleicht, sondern auch kinderleicht zu bearbeiten. Wir können Papier reißen, knüllen, schnüren, falten, kleben, schneiden, bedrucken und bemalen. Das hierfür verwendete Makulaturpapier ist bei Druckereien und Zeitungsverlagen in großen Mengen kostengünstig zu erhalten und später leicht und zudem ökologisch zu entsorgen.

Papierbauten sind nicht für die Ewigkeit geschaffen, sie fordern etwas Behutsamkeit, doch lassen sie sich gegebenenfalls schnell erweitern und problemlos reparieren.
Friedensreich Hundertwasser umschrieb den Raum als die „Dritte Haut des Menschen". Im Kindergarten nähern wir uns vor allem durch Höhlenbauten aus Papier diesem Vergleich, denn hier können Kinder ihre „Dritte Haut" selbst schneidern. Die Ergebnisse dieser Bauaktionen zeigen auch, daß Kinder immer bestrebt sind, die Maßstäblichkeit ihrer Architektur zu wahren. Kinder bauen selten über ihre Körpermaße hinaus, sie bevorzugen das Kleinräumige und erweitern nur bei entsprechendem Bedarf den Raum durch Anbauten.

Die Papierbauten benötigen anfangs etwas Mithilfe, bis die Kinder das Prinzip verstanden haben. Mit Bindfaden wird im Raum zunächst spinnennetzartig die Dachkonstruktion gespannt. Dann werden die Papierbahnen aufgelegt und an einigen Stellen mit großen Büroklammern befestigt. Die Außenwände können an den Seiten mit Kreppband aufgeklebt werden oder hängen von der Decke herab. Durch das Verwenden von geknülltem Papier lassen sich Felswände andeuten, gerissene Papierstreifen wirken manchmal wie Eiszapfen. Je nach Lichtverhältnissen verwandeln sich die Räume in eine Eishöhle oder in den geheimnisvollen Bau des Papiertigers.

Die neutrale Färbung des Makulaturpapiers ermöglicht Transparenz und schafft anregende Lichtkontraste. Durch eine zusätzliche Beleuchtung von außen lassen sich stimmungsvolle Raumeffekte im Innern der Höhle erzeugen.

DAS MAUSELOCH

In jedem Kind schlummert das tiefe Bedürfnis nach einem Versteck. Die besten Verstecke verfügen über einen mauselochgroßen Zugang, groß genug für die Eingeweihten, und natürlich viel zu klein für ungebetene Gäste.
Im Versteck läßt es sich wunderbar dösen und träumen, denn hier ist das „Glück der schönsten Geborgenheit" ganz nahe.

Diese pädagogenfreien Zonen ermöglichen nicht nur entspannten Rückzug, sie garantieren das Recht des Kindes auf Wahrung seiner Würde. Auch im Kindergarten muß es einen Ort geben, wo sich Kinder dem Blick der Erwachsenen entziehen können. Hier läßt sich der Wunsch nach Engräumigkeit und Körpernähe leben, und geteilt wird nur mit denen, die eingeladen sind. Vor allem für Ganztageseinrichtungen erscheinen diese Rückzugsbereiche geradezu existentiell, denn zu jeder Identität gehört auch der Anspruch auf Intimität.

Das Mauseloch muß aber nicht immer in eine Höhle führen, es kann auch als Schlupf in Kindergröße dienen, um von einem Raum in den nächsten zu gelangen. So lassen sich die Zimmer nachbarschaftlich miteinander verbinden.

WIEVIEL STUHL BRAUCHT DAS KIND?

Der typische „Sitzkindergarten" mit seiner ausgeprägten Tisch-
und Stuhldominanz erinnert mittlerweile an den diskreten
Charme der frühen Wohlstandsjahre. In den fetten Zeiten des
Überflusses war das Paradies bestuhlt. Heute ist die Frage erlaubt,
wieviel Stuhl das Kind für seine Entwicklung zum Menschsein
benötigt. Das Motto „Wer zuviel sitzt, dem bleibt die Welt
verschlossen" beschreibt sehr treffend die aktuelle Bildungs-
diskussion und unsere Suche nach kindorientierten Lernformen.

Stühle sind Bedeutungsträger, sie transportieren wie alle
Möbelstücke auch immer die Werte von Erwachsenen in die
Kinderwelt. In ihrer Doppeldeutigkeit ermöglichen oder
verhindern sie. Wir haben wenig vom Wesen der Kindheit
begriffen, wenn wir fürsorglich meinen, daß Lernräume möbliert
sein müssen. Im Kindergartenalter bestimmt noch die Boden-
perspektive viele Spiel- und Lernaktivitäten. Hier sind Kinder
authentisch, stark und vor allem aktiv! Nester, Nischen, Teppiche,
Decken und Kissen drücken Mobilität aus und unterstützen den
Gestaltungswillen der Spielenden.

Im Spiel werden vom Kind Wirklichkeiten in Frage gestellt,
um sich die Welt zu erschließen. Da wird der Stuhl zur Höhle,
und viele Stühle ergeben ein Flugzeug. Kinder benutzen im Spiel
scheinbar klar definierte Dinge als Symbol, um ihre Gedanken,
Entdeckungen und Gefühle auszudrücken.
Manchmal ist der Stuhl aber auch wichtig, um vor allem in Zeiten
der Orientierung einen sicheren Platz vorzufinden, von dem aus
still das Gruppengeschehen zu beobachten ist.

Klar, Kinder brauchen Stühle – aber anders als wir!

Unser Erdba
benötigt auch Nomade
denn die Seßhaften allei
erzeugen nich
genügend Bewegung

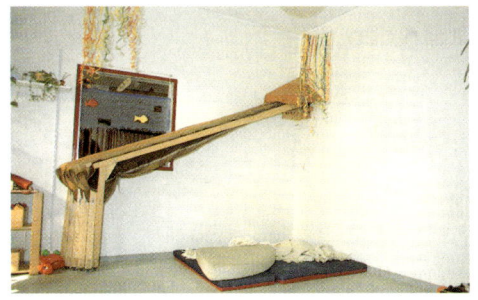

ERFAHRUNGS
WELTEN

Solange wir beim Gestalten
unserer Räume die Sinne
ausklammern, haben wir
wenig vom Wesen
und Geheimnis
der Kindheit begriffen.

DAS FENSTER ZUR WELT

Fenster sind die Augen des Hauses. Die frühen Flechtbauten der Germanen besaßen noch das „Augentor", ein in Augenform geflochtenes kleines Guckloch, durch das die Außenwelt beobachtet werden konnte. Es bot die Möglichkeit zu schauen und Verteidigungsvorbereitungen zu treffen, ohne selbst gesehen zu werden. Im Laufe unserer Zivilisation entwickelte sich dann das winzige Guckloch zum weiten Fenster. Der sorgenvolle Blick nach draußen wich einer genüßlichen Beobachtungsfreude.

Noch heute nutzen vor allem Kinder und alte Menschen die ursprüngliche Funktion des Fensters. Für sie ist es ein Spähposten, von dem aus sie die Welt unbemerkt beobachten können und selbst verborgen bleiben. Zudem können sie durch das Fenster den Blick auf einen überschaubaren Ausschnitt dieser Welt richten und daran Anteil nehmen. Bereits beim Bau von Kindertagesstätten müßte diesem Umstand Rechnung getragen werden.

Friedensreich Hundertwasser fordert in seinem Manifest das sogenannte „Fensterrecht" für alle Bewohner eines Hauses. Jeder Mieter hat das Recht, den Rahmen seines Fensters selbst zu gestalten. Die Schaufensterscheiben mancher Kindergärten, beklebt mit fein säuberlich arrangierten Faltblumengirlanden, lösen diesen Anspruch nicht ein. Auch die jahreszeitlich abgestimmten Fingerfarbenorgien am Gruppenzimmerfenster versperren eher den Blick auf das Wesentliche. Wir fordern ein Augentor für alle Furchtsamen, das Guckloch für alle Neugierigen und den großzügigen Blick nach draußen für alle Forscher und Entdecker. Fenster müssen aber nicht immer nach außen gerichtet sein. Sie können auch Innenräume visuell miteinander verbinden. Vielleicht ist ja der Blick ins Malatelier oder in den Bewegungsraum ein erster aktiver Schritt, denn vor dem Tun kommt zunächst das Schauen.

Folien werfen farbige
Schatten und lassen die
Welt in einem anderen
Licht erscheinen.
Der Blick nach draußen
soll verwöhnen,
oft reicht schon
ein Kissen auf dem
Fensterbrett.

OPTISCHE PHÄNOMENE

Kinder begreifen und erleben ihre Umwelt über sinnliche Wahrnehmung. Sie wollen mit den Mitteln ihrer eigenen Empfindungsfähigkeit die Welt entdecken und erobern.

Vor allem vom optischen Experimentierwerk fühlen sich viele Kinder fast magisch angezogen. Kaleidoskope, Fließbilder, Prismen, Kristalle, Lupengläser, Spiegel und farbige Folien verführen das Auge, rufen Staunen und vertieftes Beobachten hervor. Hier ist das Kind ganz Auge und fasziniert von der Vielfalt und Bewegung all der Bilder, die es zu entdecken gilt. In diesem Alter wollen die Phänomene nicht erklärt, sondern unbefangen bespielt werden. Sie sind Quelle der schöpferischen Phantasie. Inspiration und Imagination werden wachgerufen und in Fluß gehalten.

Für die optischen Phänomene benötigen wir einen hellen Platz in der Nähe des Fensters, denn über die Präsentation werden bereits Wahrnehmungsreize stimuliert. Die Materialien besitzen einen hohen Aufforderungscharakter, doch sollte auf eine bewußte Auswahl geachtet werden, um die Kinder nicht durch die Menge oder Beliebigkeit zu irritieren. Abgespieltes oder defektes Experimentierwerk ist rechtzeitig zu ersetzen.

Bei allem gilt: Die Kinder bestimmen das Tempo ihrer Annäherung und den Grad der Erfahrungstiefe!

„Nicht das Auge sieht, sondern der ganze Mensch."

Hugo Kükelhaus

SPIEGEL ИƎ9ƎIⴹꙄ

Als Narziß in die spiegelnde Fläche des Wassers blickte, verliebte er sich in sein Spiegelbild, heißt es in der griechischen Mythologie. Oder war es im Glanz des Auges seines Gegenübers, wo sich der Mensch zum ersten Mal sah?

Bei Ausgrabungen fand man die ersten Spiegel in Form von polierten Bronzeplatten bereits aus der Zeit um 8000 vor Christus. Die Grundlage unserer heutigen Spiegel wurde in Murano bei Venedig im 13. Jahrhundert mit der Erfindung der ersten Glasspiegel gelegt. In der Zeit des Rokoko entwickelten sich die berühmten Spiegelsäle in den Schlössern zu einem funkelnden Symbol der Macht. Heute wird uns meist im Zeichen des Kommerz alltäglich Vertrautes auf verführerische Weise vielfach neu vorgespiegelt.

Zweifellos zählt der Spiegel zu den ältesten Gebrauchs-gegenständen der Welt. Für die meisten Menschen ist der tägliche Blick in den Spiegel etwas Selbstverständliches. Doch erst im Alter von zwei Jahren entdecken Kinder ihr eigenes Selbst im Spiegel.

Diese bewußte Form der Selbstbegegnung muß vor allem im Kindergarten seinen besonderen Platz finden. Unverzichtbar ist hier der Ganzkörperspiegel, wo sich die Kinder ungezwungen in ihrer Körperlichkeit erleben können. Und was wären die täglichen Säuberungsrituale im Waschraum ohne einen gut beleuchteten Spiegel?

Foto
Gemeindekindergarten
Inzighofen

SPIEGLEIN, SPIEGLEIN

Die Faszination und die Illusion, die der Spiegel weckt,
werden ins Spiel eingebaut und aufgearbeitet.
Vor dem Spiegel ist man allein und doch nicht allein,
unbeobachtet und dennoch beobachtet.
Was wären viele Rollenspiele ohne die Möglichkeit,
sich selbst zu betrachten, zu überprüfen und das Selbstvertrauen
vor dem Spiegel zu stärken?

Die ausrangierte Frisierkommode mit dem Klappspiegel
wird zum Schönheitssalon, in dem das Modejournal und
der selbstgebraute Kaffee aus der Kinderküche natürlich
nicht fehlen dürfen.

Eine Schminkecke ist ohne Spiegel nicht vorstellbar, und vor
dem Rollenspiel kontrolliert der prüfende Blick in den Spiegel,
ob die Verkleidung stimmt und der große Auftritt beginnen kann.

SPIEGELPHÄNOMENE

Eine Vielzahl von Spiegelobjekten ermöglichen verspielte Einblicke in Welten, die unsere Phantasie beflügeln. Wer kennt sie nicht, die „Schönbildmacher", wie die beliebten Kaleidoskope wörtlich heißen? Mit dem Periskop können die Kinder um die Ecke schauen, ohne selbst gesehen zu werden. Spiegelmobiles bezaubern mit ihren reizvollen Lichteffekten, welche uns die Sonne ins Zimmer holen. Und drei Spiegel im rechten Winkel zueinander angeordnet, ermöglichen eine Sache meditativ von allen Seiten zu betrachten.

In vielen Einrichtungen hat auch die Spiegelpyramide ihren Platz gefunden. Meist an einem zentralen Ort, wie zum Beispiel in der Aula aufgestellt, zieht sie nicht nur die Kinder in endloser Wiederspiegelung in den Bann. All diese Spiegelphänomene benötigen allerdings eine exakte Bauanleitung und Bauausführung, um ihrem Zauber auf die Spur zu kommen.

Doch ist der Spiegel an sich schon phänomenal. Eigentlich „nur" eine leere Fläche, zeigt er uns alles in seiner natürlichen Größe, virtuell, aber seitenverkehrt. Und schon so mancher hat sich irritiert gefragt, warum man nicht selbst auch noch auf dem Kopf steht?

Mit Folie oder Klebeband lassen sich kleine rechteckige Passepartouts auf den Spiegel kleben. Wer schafft es, seine Nase, den Mund und ein Auge im Rahmen zu plazieren?

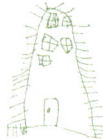

ZERRSPIEGEL

Eine besondere Art der Verwandlung ermöglicht uns der Zerrspiegel. Vor ihm wirken alle Menschen gleich absonderlich. Er verfremdet uns auf geradezu groteske und absurde Weise. Vielleicht finden sich deshalb Kinder und Erwachsene gleichermaßen gerne im Spiegelkabinett der Jahrmärkte wieder.

Für den Nachbau eines Zerrspiegels hat sich die Verwendung von Spiegelfolie bewährt. Sie ist biegsam und bricht nicht. Spiegelfolie ist im Theaterfachhandel unter der Bezeichnung Polystyrolfolie zu beziehen. Die 1 – 2 mm starke Folie eignet sich zudem für spontane Spielaktionen mit Kindern und kann auch als mobiles Material im Bewegungsraum eingesetzt werden. Ein weiterer Vorteil der dünnen Folie liegt darin, daß sie leicht zu zerschneiden ist und auch für den Bau von einfachen Kaleidoskopen verwendet werden kann. Folien ab einer Stärke von 3 mm eignen sich für Zerrspiegel, die fest im Raum installiert werden. Vor dem Zerrspiegel sollte genügend Platz und Bewegungsfreiheit sein, so daß sich sein Einbau oft in der Aula, im Flur oder im Treppenhaus anbietet.

Spiegelfolien sind allerdings sehr anfällig für Kratzer und müssen bei regem Spielgebrauch ersetzt werden. Denn nichts enttäuscht mehr als ein blinder Spiegel.

Die Spiegelfolie hat ihre eigenen Qualitäten, ist aber kein Ersatz für einen echten Spiegel aus Glas.

DER KARTOFFELACKER AUF DEM FENSTERBRETT

„Im kleinsten Garten liegt das Paradies", besagt ein altes arabisches Sprichwort. Gärten für Kinder müssen nicht groß sein, manche haben sogar auf der Fensterbank ihren Platz. Allerdings sollten wir uns mit den Kindern Gedanken darüber machen, unter welchen Bedingungen sich die Pflanzen bei uns wohlfühlen. Die kleinen Pflanzgärtchen verändern nicht nur Raum und Mikroklima, sie sind gleichzeitig wunderbare Beobachtungsfelder, die eine Vielfalt an Farben, Formen und Gerüchen beherbergen. Daß die buntbeklebte Yoghurt-bechersammlung mit Einheitskressegrün diesen Anspruch kaum erfüllt, versteht sich von selbst.

Kinder brauchen Kletterriesen und Pflanzenzwerge, Gewächse, die Leben zeigen und bewundert werden wollen. Ein ausrangiertes Aquarium mit fleischfressenden Pflanzen in sumpfigem Erdsubstrat oder das langerwartete Öffnen einer hochstieligen Amarillisblüte füllen Räume mit Leben und sind mehr als bloße Dekoration. Blumentöpfe aus Ton in verschiedenen Größen sind nicht nur für die Anzucht und Kultivierung der Pflanzen geeignet: Sie ermöglichen Kindern in einem überschaubaren Rahmen die tätige Beobachtung. Mit der Lupe lassen sich wundersame Reisen in die Tiefen der Urwälder unternehmen. Der Kartoffelacker auf dem Fensterbrett hat zwar einen geringen Ernteertrag, doch ist das Wachstum der erdigen Knollen durch das Glas gut zu beobachten.

So ein kleiner Fenstergarten kann natürlich über sich hinauswachsen und bis auf die Terrasse und das Außenglände vordringen. Jedem Kindergarten sein Paradiesgarten.

Natur ist nicht nur schö
und friedlich, sie forde
auch Vorsicht un
behutsame Annäherun;
So ist die oberirdisch
Frucht der Kartoffel gift
und darf nic
verzehrt werde

EIN WALD IM KINDERGARTEN

„Auslöser unserer Idee war ein Waldspaziergang mit den Kindern im Spätherbst. Die Kinder empfanden Freude am Entdecken von kleinen und großen Tannenzapfen, Moos, Rinde, bunten Blättern, Stöcken. Sie entwickelten daraus Spiele, hörten den Vögeln zu, fantasierten in Höhlen sämtliche Tiere hinein und stellten fest, wie riesig Bäume sind. Personell sind wir leider zu schlecht besetzt, so daß es uns unmöglich wäre, täglich in den Wald zu gehen. So kam uns dann die geniale Idee: Wir holen den Wald zu uns ins Zimmer!

Als erstes sprachen wir mit den Kindern darüber, und dann ging es los: Der Intensivraum wurde komplett leergeräumt und zuerst die Scheiben der Fenster mit Ästen und bunten Blättern bemalt, und zwar so dicht, daß man von außen oder innen nur noch durch kleine Lücken hinaus- oder hineinsehen konnte. Dann sammelten wir im Wald Rinde, Moos, Bucheckern, Stöcke und Blätter, und viele Kinder brachten von zuhause Kastanien, Tannenzapfen oder andere Fundstücke mit. Große Äste und Zweige wurden an die Zimmerdecke gehängt und der Boden mit Plane ausgelegt. Zum Schluß schütteten wir Riesensäcke voll Laub in diesen Raum, und nach fast einer Woche war unser Wald im Kindergarten komplett.
Es duftete auch tatsächlich danach.
Wir waren gespannt, wie und was die Kinder spielen würden. Und sie hatten wirklich tolle Ideen. Sie verwandelten sich in Füchse und Eichhörnchen, spielten Lagerfeuer, aber auch Batman oder Robin Hood. Manchmal legten sie sich auch einfach in den Blätterhaufen und kamen zur Ruhe, oder sie gestalteten einen Blätterregen und jauchzten und schrien.

Unsere Waldecke gibt es mittlerweile, drei Monate später, immer noch, allerdings ohne die Blätter."

Fotos und Berich
Andrea Probs
Kindergarten Degerna

KINDER UND KUNST

„Unser wahres Analphabetentum
ist die Unfähigkeit,
schöpferisch tätig zu sein."

Friedensreich Hundertwasser

DAS KINDERATELIER

„Kinderatelier – das ist ein großes Wort. Aber ist es
wirklich übertrieben, wenn man sieht, wie großartig
Kinder zeichnen und malen können, was sie voll Elan
und Begeisterung in ihren Bildern schildern und
erzählen, wie sie mit Spontanität und Mut komponieren
und experimentieren?
Was den Reichtum der Phantasie anbelangt, sind wir
Erwachsenen oft den Kindern unterlegen. Wir könnten
und sollten deshalb von ihnen lernen."

Rudolf Seitz

Da das Malen für Kinder ein ähnlich elementares Ausdrucksmittel darstellt wie zum Beispiel die Bewegung, benötigt auch
das Kinderatelier einen besonderen Raum, der inspiriert und
zu eigenständigem Arbeiten anregt.

Es gilt, vielseitige Materialien bereitzustellen und einen
schöpferischen Arbeitsbereich zu schaffen, wo Kinder sich frei
und ohne Bewertung entfalten können. Das Kinderatelier lädt
zu großflächigem und konzentriertem Schaffen ein, sei es auf
dem Boden, der Wand oder an der Staffelei.

WAS BRAUCHT EIN KINDERATELIER?

Das Kinderatelier ist eine konsequente Weiterführung des Maltisches und liegt außerhalb des Gruppenraumes. Es benötigt einen eigenen Raum und sollte nicht als Anhängsel, z.B. des Waschraumes, verstanden werden. Das Atelier ist vorzugsweise ein heller Raum, in dem die verschiedenen Tageszeiten erlebt werden können. Gemalt wird mit dem Licht im Rücken, um die Leuchtkraft der Farben auch zu sehen. Bei der Verwendung von Kunstlicht sollte hier auf Leuchtstoffröhren oder Energiesparlampen verzichtet werden, da diese durch ihren Flimmereffekt zu unruhig sind. Besser geeignet ist die punktuelle Anstrahlung durch eine Glühbirne oder einen Halogenstrahler.

Im Malatelier kann an der Wand, auf dem Boden oder an der Staffelei gearbeitet werden. In der Praxis hat es sich bewährt, die Wände mit Tischlerplatten zu verkleiden, um sie als Hänge- und Malfläche nutzen zu können. Sollte zusätzlich an einem Tisch gearbeitet werden, benötigen wir einen neutralen und nicht zu kontrastreichen Untergrund.

Von großem Vorteil ist ein Wasseranschluß im Raum, um Farben anzumischen, Malutensilien oder die Hände zu reinigen. In offenen Regalen lagern die Materialien und Werkzeuge und unterstützen den Malprozeß. Vor allem für Finger- oder Dispersionsfarben bieten sich Flaschenregale an, in denen die Farbflaschen liegen. Angemischte Farbreste halten sich in luftdichten, durchsichtigen Gläsern lange.

Als Bodenbelag empfiehlt sich ein heller, leicht zu reinigender Unter-grund, wie z.B. Linoleum. Doch zeugen bei aller Sauberkeit Kleckse, Farbspritzer und Kritzel von kreativen Prozessen, und diese atmosphärischen Spuren sind in jedem Kinderatelier geradezu erwünscht.

„Bilder werden gemal
weil sie nicht in Wort
gefaßt werden können.

Pablo Picass

GRUNDAUSSTATTUNG

Papiere mit verschiedenen rauh wie glatten Oberflächen, Pack-
papier, Rauhfasertapete, Zeichenblöcke A3, dicke Pappen, Zeichen-
papier auf Rollen zum selbständigen Abschneiden der Papiergröße.
(Kinder wissen selbst am besten, wie groß ihr Bild sein muß.)
Zu beachten: Makulaturpapier eignet sich nicht zum Malen, sondern
nur zum Unterlegen. Computerpapier sollte nicht im Kinderatelier
verwendet werden.

Dispersionsfarben: Rot, blau, gelb, grün, weiß, schwarz.
Preisgünstige, kräftige Farben, die sich vor allem für
großflächiges Arbeiten anbieten.
Fingerfarben: Rot, blau, gelb, grün, weiß, schwarz.
Farben, die, wie schon der Namen sagt, zu freiem Arbeiten
anregen, aber nach dem Trocknen ein wenig verblassen.
Jaxon-Ölmalstifte, als 48-er Sortiment.
Leuchtende, Farbtöne für kraftvolle Bilder, auch für Sgraffito
geeignet.
Wasserfeste Tusche für fortgeschrittene MalerInnen.
Holz- und Bleistifte für Zeichnungen und Skizzen.

Pinsel in verschiedenen Größen. Bevorzugt bieten sich breitere
Borstenpinsel an, um zu kleinformatiges Arbeiten zu verhindern.
Besonders ansprechend sind große chinesische Pinsel.
Mit Spachtel, Korken, Quaste, Rollen und anderen nicht alltäglichen
Malwerkzeugen wird die Experimentierlust unterstützt.

Ein großes Problem bereitet oft das Trocknen von Bildern. Für Ab-
hilfe sorgt hier ein Trockenständer. Diese Anschaffung lohnt sich. Mit
einer Größe von ca. 70 x 100 cm benötigt er wenig Platz und kann
weit über hundert Bilder unterschiedlichster Formate aufnehmen.

Und nicht zuletzt benötigen wir selbstverständlich genügend
Paletten zum Anmischen der Farben, Malkittel, Lappen und einen
Wassereimer zum Reinigen der Pinsel.

Mit diese
Grundausstattung kan
in vielfältigen Technike
gearbeitet werder
Eine Erweiterung m
anderen Materialien un
Werkzeugen sollte m
den Erfahrunge
der Kinder wachser

WIR BAUEN EINE STAFFELEI

Eine stabile Staffelei ist für das Kinderatelier unverzichtbar.
Kinder gestalten ihre Werke noch aus der Bewegung heraus, und
das Stehen an der Staffelei unterstützt diesen expressiven Ausdruck.
Nachfolgend eine kostengünstige Bauanleitung speziell für
Kindergärten, in denen es nicht bei einer Staffelei bleiben soll.

Sie brauchen:

1 aufklappbaren Holzbock, Breite 75 cm, Höhe 75 cm
1 Tischlerplatte, Breite 90 cm, Stärke 19 mm, Höhe 115 cm
  (Tischlerplatten verziehen sich nicht bei Feuchtigkeit)
1 gehobeltes Vierkantholz, 4 x 4 cm, Länge 90 cm
2 offene Ringschrauben
1 Drahtkorb für die Malutensilien
2 Mehrzweckklammern fürs Papier
Kreuzschlitzschrauben

Vielleicht besorgen Sie sogar alle Materialien mit den Kindern
gemeinsam im Baumarkt.

Arbeitsschritte:

1. In einer Höhe von 15 cm wird auf der Tischlerplatte das
   Vierkantholz waagerecht mit den Kreuzschlitzschrauben befestigt.

2. Die Tischlerplatte wird in einer Bodenhöhe von 35 cm auf den
   Holzbock mittig aufgeschraubt.

3. In den oberen Teil der Arbeitsfläche werden zwei
   Mehrzweckklammern geschraubt, mit denen sich später das
   Malpapier mühelos einspannen läßt.

4. An das Vierkantholz werden die Ringschrauben angebracht, in
   die der Drahtkorb einzuhängen ist.

5. Der Holzbock wird aufgeklappt, und es kann losgehen.

Die zusammengeklappt
Staffelei benötig
wenig Platz und läßt sic
zudem an warmen Tage
problemlos auf d
Terrasse trage

RAUM FÜR KUNST

„Herr Keuner sah sich die Zeichnung seiner kleinen Nichte an.
Sie stellte ein Huhn dar, das über einen Hof flog. 'Warum hat
dein Huhn eigentlich drei Beine?', fragte Herr Keuner.
'Hühner können doch nicht fliegen', sagte die kleine Künstlerin,
'und darum brauchte ich ein drittes Bein zum Abstoßen.'
'Ich bin froh, daß ich gefragt habe', sagte Herr Keuner.“

Bertolt Brecht

Kinder verfügen über Ausdrucksmittel, die in unserem Kulturkreis
normalerweise nur Künstlern und Philosophen vorbehalten sind.
Die Bildersprache vieler Kinder zeugt nicht nur von ungestümer
Schaffenskraft, sie belegt vor allem ihre eigenständige Identität und
besondere Sicht der Welt. Ihre Werke sind wertvoll und sollten
würdig präsentiert werden.

Suchen Sie gemeinsam die Bilder aus, seien Sie und die Kinder
dabei wählerisch, ohne daß die Arbeiten bewertet werden müssen.
Bilder sind kein Leistungsnachweis für die Gruppe, sondern eine
Bereicherung.

Diese künstlerische
Visitenkarte is
von niemanden
zu übersehen

In den Fluren, Eingangsbereichen und Treppenhäusern entstehen
gut beleuchtete Galerien. Eine kleine Vernissage erlaubt uns,
die interessierte Öffentlichkeit einzuladen und mit einer kleinen
Werkschau in den Stadtteil hineinzuwirken. Verleihen Sie die
gerahmten Kinderbilder und revolutionieren mit diesen Unikaten
die Wohnzimmer, die Büros oder das Schaufenster der Bank.

Zeigen Sie nicht nur die fertigen Produkte, auch die hiermit
verbundenen Entstehungsprozesse interessieren. Erst dann werden
wir dem Wesen der Kinderbilder gerecht. Denn bei Kindern steht
nicht die Kunst im Vordergrund, vielmehr die Lust und Freude, sich
mit Formen und Farben auszudrücken.

SAMMELMUT
TUT ALLEN GUT

Sie kennen sicher diese unscheinbaren Sammlungen im Hosentaschenformat, die manche Kinder tagtäglich mit sich herumschleppen. Spätestens das verräterische Klackern in der Waschmaschine erinnert uns an ungezähmte Sammlerleidenschaften. Oder denken Sie an die allwöchentlichen Aufräumrituale im Kinderzimmer, wo unsere sonst so friedfertigen Sprößlingen zu aufgebrachten Kunstexperten werden, die ihre weltweit einmalige Sammlung gegen die blinde Aufräumwut der Erwachsenen verteidigen.

Kinder sammeln eigentlich alles, was irgendwann zu gebrauchen ist. Manches, wie beispielsweise Steine, Blätter, Stöcke, Schnüre, Gummibänder, Papierschnipsel und andere Fundstücke werden spontan in Spiele eingebaut und schnell wieder vergessen. Andere Sammlungen werden hingegen von den Kindern unter dem Aspekt des Tauschens und Prestigegewinns angelegt. Überraschungseier, Sticker, Telefonkarten und Comicfiguren sind zwar dem aktuellen Trend unterworfen, versprechen aber ein gewisses Maß an sozialer Anerkennung. Dementsprechend legen Kinder auch großen Wert darauf, diese Objekte in der Öffentlichkeit zu zeigen.

Und dann gibt es noch die kuriosen Sammlungen einzelner Kinder, die in keines dieser Schematas passen. Da werden plötzlich leidenschaftlich Zuckerwürfel in bunten Verpakkungen gesammelt, kleine Seifenstückchen mit aufregenden Geruchsnuancen verschwinden in der Schublade, und genau dieses eine Parfümfläschchen hat noch zum großen Glück gefehlt. Nur für die kleinen Sammler haben diese Gegenstände eine herausragende Bedeutung, jeder Zuwachs wird eifrig archiviert und erzählt eine kleine Geschichte. Diese Sammlungen leben von ihrer Einmaligkeit, jeder Verlust ist unwiderruflich und die Freude groß, wenn ein weiteres Stück hinzukommt.

DAS HOSENTASCHENMUSEUM

Im Hosentaschenmuseum sind die Erwachsenen die staunenden Besucher. Hier präsentieren Kinder eine Welt voll schrulliger Sammelleidenschaften und gewähren uns den einzigartigen Blick auf ihre eigenständige Kultur.

Ein Hosentaschenmuseum können wir leicht selber bauen, beispielsweise für den Eingangsbereich einer Kindertagesstätte. Die Vitrinen sind aus Holz gefertigt, vielleicht sogar mit einem Deckel, der für Wechselausstellungen aufklappbar ist. Die Vorderfront sollte aus einer Glasscheibe bestehen, die über eine entsprechende Führung in den Seitenwänden eingelassen ist. Eine kleine Galerieleuchte im Innern des Schaukastens sorgt für atmosphärisches Licht, benötigt aber genügend Lüftungsschlitze. Die Kombination von drei bis vier dieser kleinen Schaukästen ergeben bereits ein originelles Hosentaschenmuseum.

Das Hosentaschenmuseum ist keine Institution, die den Anspruch erhebt, Kulturarbeit im objektiven Sinne zu leisten. Die Dinge, die hier ausgestellt werden, sind nicht immer als schön oder pädagogisch besonders wertvoll zu betrachten. Vielmehr öffnet sich hier die einmalige Chance, etwas von der Kraft der Subjektivität zu spüren, die Kinder in ihrem täglichen Erkenntnisdrang vorantreibt.

Insofern beinhaltet die Idee vom Hosentaschenmuseum mehr als den Traum einer niedlichen Kinderwelt. Wir begreifen sie als wichtigen Bestandteil der Lobbyarbeit für Kinder. Gedacht für all jene, die bereit sind, tagtäglich neue Erfahrungen zu sammeln.

Erst durch die Beleuchtung entwickeln die Schaukästen ihre volle Faszination. In der Praxis haben sich Kastenmaße von 40 cm x 40 cm bewährt, wobei die Tiefe nicht mehr als 30 cm betragen sollte.

56

DER SETZKASTEN

Setzkästen können nie groß genug sein, um all das zu beherbergen, was Kinder in ihrer Entdeckerfreude stimuliert. Diese hölzernen Relikte aus den Bleisatzzeiten der Druckereien bieten überschaubaren Raum für ein buntes Sammelsurium an besonders reizvollen Dingen. Hier werden, fein säuberlich sortiert, kleinste Fundgegenstände, Erinnerungsstücke und Experimentiermaterialien präsentiert und offeriert.

Glitzernde Mineralien, markante Kieselsteine, wunderliche Samenkörner und Fruchtkörper, Schneckengehäuse und Muscheln, eine bunte Vogelfeder oder ein Stückchen Schwemmholz finden hier ihren würdigen Platz. Der Sammelleidenschaft sind keine Grenzen gesetzt. Erlaubt ist alles, was zur Öffnung des Auges verführt.

Die Präsentation der Fundstücke soll durch ihren hohen Aufforderungscharakter Auge und Hände zur Tätigkeit anregen. Als Unterstützung dürfen in dieser Sammlung Lupe, Taschenmikroskop, eine kleine Briefwaage, Prismen und Pinzette nicht fehlen.

Neben diesen eher naturkundlich orientierten Inhalten kann ein Setzkasten aber auch durch ganz andere Ideen verwöhnen und anregen. Eine Eieruhr, der Zauberwürfel mit Farbkombination, ein Riechdöschen, Magnete und ein Drachenauge, Glasmurmeln und ein kleines Glöckchen, eine Schraubensammlung mit passenden Muttern; die Liste ließe sich endlos fortsetzen. Doch immer sind es kleine Spielideen, die schnell zur Hand sind und das urmenschliche Zusammenspiel zwischen Sensorik und Motorik herausfordern.

Die Anziehung eine Setzkastens bleib nur dann erhalter wenn die Materialie regelmäßig überprü und ergänzt werder

SCHLÜSSELERLEBNISSE

Als kleiner Junge war ich stolzer Besitzer der wohl rostigsten Schlüsselsammlung der Welt. Für mich im Rückblick ein Ausdruck für die wundersame Fähigkeit vieler Kinder „mit den Überresten dieser Welt" zu spielen.

Schlüssel tauchen in Märchen, Mythen und Sagen als Symbol der Macht und Weisheit auf. Geheimnisvolle Botschaften warten darauf, entschlüsselt zu werden; und wo ist der Schlüssel zum Glück zu finden? Viele der alten Schlüssel können Geschichten erzählen oder setzen zumindest lebendige Erinnerungen frei.

Erst in der Neuzeit gelangten auch Kinder in den Besitz von Schlüsseln, bis dahin waren diese ausschließlich den Erwachsenen vorbehalten. Der Schlüssel verschafft nicht nur im übertragenen Sinn Zutritt in die Welt der Erwachsenen.

Schlüssel sind aber auch herrliche Spielobjekte. Es erstaunt, welche Vielfalt sie im Hinblick auf Form, Größe, Oberflächenbeschaffenheit und Funktion aufweisen. Vor allem die alten Schlüssel haben in ihrer Formgebung einen fast meditativen Charakter. Mit Schlüsseln läßt sich ein Mandala legen, wir können sie sortieren, mit ihnen Klänge erzeugen, ihren Umriß auf einem Blatt Papier zu einem Kunstwerk arrangieren oder sie einfach nur auf einer Schnur auffädeln. Jedenfalls sind sie eine verspielte Möglichkeit, sich die Welt zu erschließen.

Ein Besteckkaste
aus Holz dien
als Behältnis fü
diese Sammlun;

VERSAMMELTE KUNST

„Kunst ist dazu da, um den Staub
des Alltags von der Seele zu waschen.
Es gilt Begeisterung zu wecken,
denn Begeisterung ist das, was wir
am meisten benötigen – für uns
und die jüngere Generation."

Pablo Picasso

Fundstücke der Kinder wurden von einem Künstler
aus dem Umfeld des Kindergartens zu einem Kunstwerk
der besonderen Natur arrangiert.
Durch die kunstvolle Verfremdung mittels Straffur, Druck
und Abrieb erscheinen die Objekte in einem neuen Licht
und schärfen die Beobachtungsfähigkeit. Die Kinder sind
eingeladen, genauer zu schauen, zu vergleichen und ähnliches
auszuprobieren.

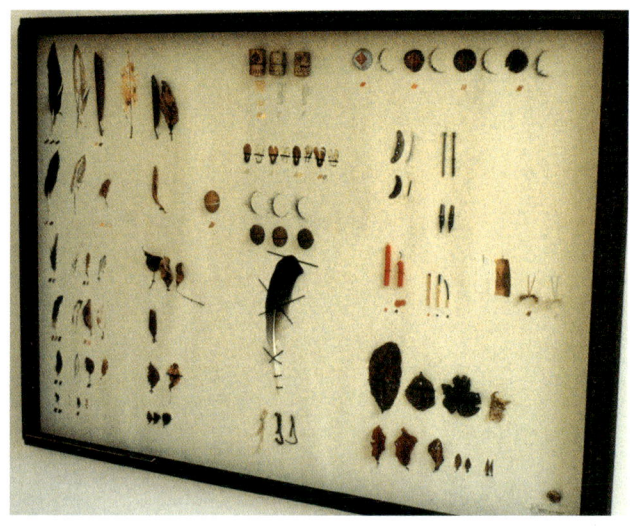

KINDERWERKSTÄTTEN

Basteln, Bosseln, Tüfteln und Werkeln sind Tätigkeiten, bei denen Kinder eigene kreative Lösungen suchen. Heute unterscheiden wir zwar zwischen Basteln und Werken, doch läßt sich die ursprüngliche Bedeutung des Wortes „Basteln" bis ins Mittelalter zurückverfolgen. Ursprünglich wurde es für „unzünftige Handwerksarbeit" gebraucht. Bastler waren also jene Menschen, die eigenständig und ohne Handwerkerzunft ihre Ideen verwirklichten. Der französische Anthropologe Claude Lèvi Strauss schreibt hierzu:

„Heutzutage ist der Bastler jener Mensch, der mit den Händen werkelt und dabei Mittel verwendet, die im Vergleich zu denen des Fachmanns abwegig sind."

Der inzwischen etwas abschätzige Begriff des „Bastelns" wird erst dann wieder mit neuem Sinn zu füllen sein, wenn Kinder ohne belehrende Eingriffe im Dialog mit Gleichaltrigen ihre eigenen Fragen und Ideen bearbeiten können.

Die besondere Qualität von Kinderwerkstätten wird sich heute vor allem dort entfalten können, wo der unbekümmerte und spielerische Umgang mit Werkstoffen und Materialien möglich ist. Als eigenwillige „Schöpfer des Unwahrscheinlichen" mögen die Werke der Kinder auf viele Erwachsene manchmal etwas befremdlich und phantastisch wirken. Doch gewähren sie mit ihren originellen Arbeiten wunderbare und oftmals überraschende Einblicke in eine Welt, die uns „Gebildeten und Fachkundigen" nicht immer zugänglich ist.

DIE TÜFTLERWERKSTATT

Kinder sind nicht nur Erfinder, sie beherrschen auch
die seltene Kunst des konstruktiven Demontierens.
Hier verschaffen sie sich Einblicke und Durchblicke.
Die Beutestücke aus den Rohstoffbeständen der
Erwachsenenwelt waren bis in die jüngste Vergangenheit
noch leicht zugänglich: ein Wecker mit aufziehbarem
Räderwerk, die mechanische Schreibmaschine, das gute alte
Telefon mit Wählscheibe und der schrottreife Plattenspieler.

In unserer heutigen elektronisch hochaufgerüsteten Welt
wird es zunehmend schwieriger, diese ausrangierten
Gebrauchsgegenstände überhaupt zu finden. Doch die Mühe
lohnt sich, denn beim Auseinandermontieren der mechanischen
Geräte wird der Kindergarten zur Lernwerkstatt.
Kinder lernen durch Entdecken und Erkennen durch Tun.

In einer Zeit, wo sich im häuslichen Bereich die High-Tech-
Erfindungen zunehmend durchsetzen, steigt natürlich auch das
Interesse der Kinder, das Wesen der Objekte zu ergründen.
Die Lust am In-die-Dinge-Hineingucken hat lediglich ihre
Grenze an der Steckdose oder bei quecksilberhaltigen
Kondensatoren.

Die Neugierde auf das Innenleben der Geräte ist in dieser
Altersgruppe noch nicht rollenspezifisch ausgeprägt.
Diese eigenständige Form der Lernkultur ermöglicht nicht nur
erste Einblicke in einfache technische Zusammenhänge, sondern
wird von Mädchen wie Jungen gleichermaßen wahrgenommen.

Für eine Tüftlerwerkstatt benötigen wir übrigens keine eigens
dafür hergerichteten Räume.

Für Daniel Düsentrieb
hat sich ein mobiler
Werkzeugkoffer bewährt.
Als Arbeitsfläche dient ein
Küchentablett, Gläser
mit Schraubverschluß
und kleine Boxen zum
Sortieren und Sammeln der
Kleinteile erleichtern
das Aufräumen.

DIE HOLZWERKSTATT

Es gehört nicht mehr zu den Selbstverständlichkeiten des Kinderalltages, mit Materialien und Werkzeugen zu hantieren, die früher in Haushalt und Werkstatt frei zugänglich waren. Vor allem im Bereich der Holzbearbeitung werden die entsprechenden Geräte zunehmend spezifischer, technischer und komplizierter. Doch gerade über das Sägen, Nageln, Raspeln, Feilen, Schmirgeln und Leimen von Holz finden Kinder Zugang zu diesem natürlichen Werkstoff. Insofern sollte der Holzwerkstatt besondere Beachtung gewidmet werden. Die Erfahrung zeigt, daß großzügige Werkaktivitäten im Gruppenraum nicht möglich sind. Wir benötigen einen entsprechend hergerichteten Raum, bei dem sich die folgenden Details bewährt haben:

Das Verkleiden der Wände mit einer Holzverschalung bis auf eine Höhe von 180 cm senkt deutlich den Lärmpegel. Der Arbeitsplatz muß gut zugänglich und vor allem übersichtlich sein. Jedes Werkzeug sollte seinen festen Platz haben, hier bieten sich Hängesysteme in Kinderhöhe an, farbige Markierungen und Umrißzeichnungen erleichtern das Einräumen und die Orientierung. Als Arbeitsplatz hat die Werkbank viele Vorteile, doch kann für den Anfang auch ein stabiler, nicht wackelnder Küchentisch dienen. Die ideale Höhe beträgt 65 – 70 cm, die Tischoberfläche darf nicht federn. Zum Einspannen und Bearbeiten der Werkstücke benötigen wir einen großen, am Tisch fest verschraubten Parallelschraubstock. Um die Arbeitsflächen freizuhalten, empfehlen wir großzügige Wandregale, zumal manche der angefangenen Arbeiten erst am nächsten Tag fertiggestellt werden. Stabile Holzkisten erleichtern das Lagern und regelmäßige Sortieren der Werkstoffe und Materialien.

Die aussortierten Abfallhölzer kommen in eine besondere Kiste und können im Außengelände für die Feuerstelle verwendet werden.

Ausdauer, Konzentration und sicheres Arbeiten benötigen immer gutes Licht. Dies gilt vor allem für Werkstattbereiche. Die Arbeitsflächen sind mit starken Glühbirnen oder Halogenstrahlern auszuleuchten.

WERKZEUGLISTE UND MATERIALKUNDE

Die Auswahl einer Grundausstattung für die Holzwerkstatt bedarf besonderer Sorgfalt. Das Werkzeug muß sowohl funktionsgerecht als auch kindgerecht sein. Beim Kauf sollte auf gute Qualität geachtet werden, ausrangiertes und untaugliches Werkzeug aus den Hobbykellern der Erwachsenen darf aus Sicherheitsgründen nicht verwendet werden. Die folgende Grundausstattung an Werkzeugen ist auch für den Hort geeignet:

PUK-Säge (kleine Bügelsäge mit Holzgriff, bei der die Sägeblätter austauschbar sind)

Fuchsschwanz in verschiedenen Größen, ab 300 mm

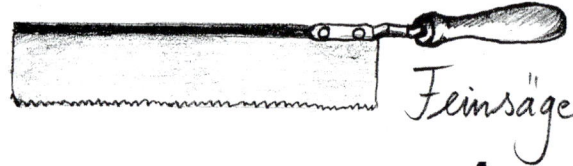

Feinsäge, 250 mm

Hammer, verschiedene Größen 100, 150, 200 Gramm

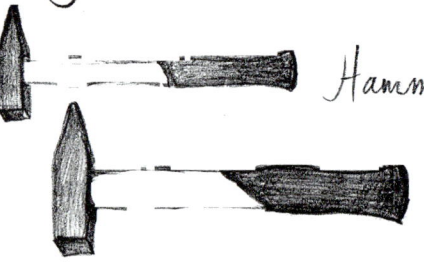

Kneifzange, 160 mm, zum Herausziehen der Nägel

Seidenschneider, 125 mm, zum Abzwacken von Draht

70

Flachzange

Flachzange oder Rundzange, 125 mm,
zum Biegen von Draht

Nagelbohrer 5 – 10 mm

Nagelbohrer 5 10 mm

Handbohrmaschine

Handbohrmaschine, 320 mm,
mit einem Satz Spiralbohrer

Holzraspel, 150 – 200 mm

Holzraspel

Holzfeile (flach, halbrund)

Flachfeile, Halbrundfeile, Vierkantfeile, 200 mm

Schmirgelpapier und Schleifklotz,
Körnung 60 – 120 mm

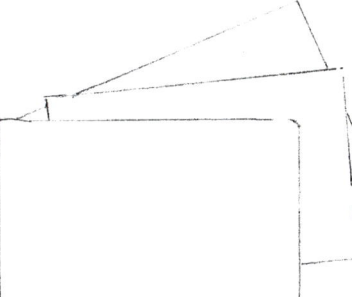

Schmirgelpapier

Körnung 60 -120 mm

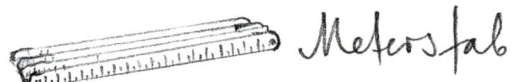 Meterstab, Zimmermannsbleistift und Wasserwaage

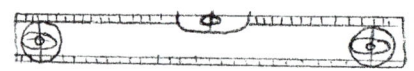

Allzweckschere (vielleicht zusätzlich eine mit dem roten Griff für Linkshänder)

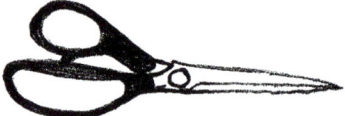

 Schraubzwinge und Leimzwinge, verschiedene Größen, ab 150 mm

Nägel in verschiedenen Größen, 20 – 60 mm

 Magnet zum Aufspüren fallengelassener Nägel

Holzleim, schnellbindend

WEITERE EMPFEHLUNGEN

Von den Billigangeboten sogenannter „Kinderwerkstatt-Sets" ist ebenfalls abzuraten, da viele der eigens für Kinder produzierten Werkzeuge eher dekorativer Natur sind und der besonderen Beanspruchung von Kinderwerkstätten nicht standhalten.

Um die Werkstattaktivitäten sicher zu gestalten und den Kindern ein Höchstmaß an Selbständigkeit zu gewähren, muß zunächst der Umgang mit den Werkzeugen gründlich erklärt und gezeigt werden. Die Praxis zeigt, daß Material- und Werkzeugkenntnisse unbedingt nötig sind, um später eigene Ideen und Vorstellungen umsetzen zu können. Sobald die Kinder ihre Fähigkeiten und Kräfte richtig einschätzen, wird auch der Erwachsene nicht ständig im Werkraum anwesend sein müssen.

Alle Werkzeuge sind regelmäßig zu kontrollieren, defektes und abgenutztes Werkzeug ist sofort auszusortieren! Beispielsweise rutschen stumpfe Sägen schneller vom Holz ab, und die Verletzungsgefahr ist ungleich höher.

Jedes Werkzeug hat seine eigene Funktion und sollte nur für diesen entsprechenden Zweck verwendet werden. Denken Sie hierbei immer an die Vorbildfunktion der Erwachsenen!

Schraubenzieher, Schrauben und Stechbeitel sollten im Kindergarten erst bei entsprechenden Fähigkeiten angeboten werden.

Harthölzer lassen sich von Kindern nicht sägen, nageln und schleifen, daher eignen sich für den Werkraum eher Weichhölzer (Tanne, Fichte, Kiefer).
Tip: Alles Holz, das sich mit dem Daumennagel einritzen läßt, kann verwendet werden.

Eine gute Holzauswahl bietet Anreize und unterstützt schöpferisches und konzentriertes Arbeiten. Wir benötigen gehobelte und ungehobelte Dachlatten, Plattenreste (keine Hartfaserplatten), Holzreste in unterschiedlichen Formen und Stärken.

Hölzer regelmäßig kontrollieren, vernageltes und unbrauchbares Holz rechtzeitig aussortieren, für Materialnachschub sorgen.

Kinder benötigen ausreichend Material zum Üben. In dieser Altersgruppe steht noch die Freude am handwerklichen Tun im Vordergrund, der Drang, etwas Konkretes herzustellen, ist zunächst zweitrangig.

DRECKGESCHICHTEN

Auf dem Boden liegen eine robuste Teichfolie, haufenweise Ton, und dazwischen knieen Kinder, die sich in den Berg eingraben. Ein Burggraben wird angelegt und mit Wasser gefüllt. Weiter hinten hat der Drache bereits ein Schaf gefressen. Fieberhaftes Arbeiten, denn der Damm droht zu brechen, der Schutzwall aus dem glitschigen Ton muß neu befestigt werden. Hier wird der Drache bestimmt abrutschen, dann verlöscht sein Feuer, und er kann niemandem etwas zuleide tun. Das Untier rückt näher, einer der Burgverteidiger hat soeben ein Katapult erfunden, und die ersten Wurfgeschosse fliegen durch den Raum. Manche treffen sogar den Drachen. Unsere Dreckgeschichte lebt.

Ton ist unbegrenzt formbar, er verträgt vieles, fordert uns mit dem ganzen Körper heraus, entfesselt Gestaltungskräfte und will manchmal sogar gestreichelt werden. Kinder spüren, wie die erdige Substanz bespielbar ist. Vor allem dann, wenn das Material außerhalb des Gruppenraumes und in großen Mengen angeboten wird.

Mehrmals bespiel
sollte Ton nicht meh
gebrannt werder
Wir könne
ungebrannten To
jahrelang als Spielmateri
verwender
Je häufiger wir diese
Gestaltungsmaterial nutzer
desto geschmeidige
bleibt e
Sollte der Ton trotzder
aushärten, kann er jederze
mit Wasser aufbereite
werder

DIE TONWERKSTATT

Das elementare Arbeiten mit Ton zählt sicher nicht zur Kategorie der feinmotorischen Tischaktivitäten. Ein extra hierfür gekachelter Raum ist wahrscheinlich in den wenigsten Einrichtungen anzutreffen, da hilft nur improvisieren. Mit einer relativ reißfesten Teichfolie lassen sich Wand und Boden abkleben. Als Arbeitsfläche dient entweder ein stabiler Küchentisch oder für das Arbeiten in Bodenhöhe ein selbstgezimmertes Podest. Baumscheiben und zugesägte Brettchen aus Tischlerplatten ermöglichen hier mehr Bewegungsfreiheit.

Sollten die Kinder im Stehen arbeiten, bietet sich eine Tischhöhe von 65 cm an. An den Tischkanten werden 10 cm breite Holzleisten befestigt. Die Teichfolie oder Wachstuchdecke wird 20 cm größer zugeschnitten, um diese dann rundum am Tischaufbau zu fixieren. Das bewahrt uns und die Kinder nachhaltig vor unliebsamen Überschwemmungen.

Der Ton sollte in ausreichender Menge angeboten werden, besonders geeignet ist fein schamottierter Aufbauton, der in luftdichten Eimern mit Deckel aufbewahrt wird. Wir rechnen pro Kind mindestens 5 kg Material, um auch grobmotorische Aktivitäten zu ermöglichen und verwenden rotbrennenden Ton, da dieser sehr viel sinnlicher wirkt.

Die besten Werkzeuge sind unsere Hände und Füße. Weiterhin benötigen wir: Blumenbestäuber und Leinentücher zum Feuchthalten, Blumendraht zum Schneiden der Tonklumpen, Löffel und andere Küchenutensilien zum Graben, Küchenspachtel zum Säubern der Tischflächen und viele Schwämme zum Aufsaugen des Wassers.

Für diesen Werkstattbereich ist natürlich ein Wasseranschluß in der Nähe von Vorteil. Der Eimer mit Wasser darf dennoch nie fehlen, denn ein Vorwaschgang der Hände verhindert Verstopfungen im Siphon. Eine gut duftende Handcreme verwöhnt nach dem Spiel die Schaffenden.

KLANG
RÄUME

Die Qualität von Klang kann sich nur dort entfalten, wo entsprechender Raum vorhanden ist. Im Tunnel, einer Höhle oder der engen Gebirgsschlucht spüren wir mit jeder Faser unseres Körpers, wie sich der Klang räumlich ausbreitet und nicht nur über die Ohren von uns Besitz ergreift. Hören und Fühlen sind untrennbar miteinander verbunden, da im Gehirn unser Hörzentrum unmittelbar neben dem Tastsinn liegt. Auch ist über das Hören oftmals Eindrücklicheres zu spüren, als das Auge zu sehen vermag.

Dementsprechend fasziniert sind vor allem die jüngeren Kinder, wenn das Zusammenspiel zwischen Klang und Empfinden sinnlich wahrgenommen werden kann. Wir benötigen bespielbare Klangräume, wo die Kinder selbständig und frei vom Gedanken der musikalischen Frühförderung in die Welt der akustischen Phänomene eintauchen. Klangwelten, in denen sie die Anfänge der Musik entdecken und vielleicht sogar den Klängen ferner Welten lauschen.

DIE GONGHÖHLE

Der tiefe Ton des Gongs wohnt in einer dichten Höhle aus dicken Wolldecken. Er liebt weiche Kissen und rote Tücher und natürlich genügend Raum, um seine erstaunlichen Kräfte entfalten zu können. Viel Licht braucht er nicht, aber kleine Menschen, die mit ihm schwingen wollen.

Der Gong reagiert natürlich sehr gereizt, wenn er zu heftig angeschlagen wird, das spüren seine Besucher sofort. Doch eigentlich ist er sehr gemütlich, und manchmal erzählt er Geschichten von fremden Kulturen und Zeiten, wo die Welt noch ganz Klang war. Besonders liebt er es, die Fußsohlen, das Gesicht und sogar den Bauch seiner Zuhörer zu kitzeln.

Er ist mächtig stark und kann die Luft in feine Schwingungen versetzen. Und plötzlich ist sein Klang so leise, daß Stille hörbar wird.

Selten träumt er allein.

„Das Leben is
Schwingung.

Hugo Kükelhau

GLÖCKCHEN UND SCHELLEN

Das Glöckchen hat eine lange und weite Reise hinter sich. Die ursprünglich im 6. Jahrhundert aus Nordafrika nach Italien eingeführten Glocken fanden auch im übrigen Europa rasch Verbreitung. Durch die Missionstätigkeit irischer Mönche gelangten die ersten kunstvollen Glocken nach Germanien und werden noch heute für kultische Zwecke genutzt.

Im Gegensatz zur wertvolleren, gegossenen Glocke entwikkelte sich dann die meist kugelförmig geschmiedete Schelle zu einem unentbehrlichen Gebrauchsgegenstand im Alltag der einfachen Leute. Der eigentümliche Klang der Schelle ist über weite Distanzen zu hören. Sein Schall zeigt nicht nur den Aufenthalt der Weidetiere an, er ist gleichzeitig Signal und erzeugt Aufmerksamkeit. Bis in unsere heutigen Tage ist die klangvolle Anziehung dieses urprünglichen Alltagsgegenstandes erhalten geblieben.

Glöckchen scheinen eigens für Kinder geschaffen zu sein. Ihre Vielfalt im Klangbild und der äußeren Erscheinung ist erstaunlich und fordert bereits die Jüngsten zu Spontanreaktionen heraus. Ähnlich wie der Gong will das Glöckchen berührt werden und verführt zum Lauschen.
Auch hier führt die Behutsamkeit der Annäherung zu intensivem Hörgenuß.

Flohmärkte, Urlaubsreise und das Stöbern in de alten Eisenwarenhandlun bringen so manche Sammlerstück in de klingenden Kindergarte

DAS SCHLAUCHTELEFON

Im Zeitalter des Handys mag die Idee eines selbstgefertigten Mobiltelefons fast anachronistisch klingen. Seinen besonderen Reiz gewinnt diese Haussprechanlage dadurch, daß sie ohne technischen Aufwand auch von den Kleinsten kinderleicht zu bedienen ist. Das Schlauchtelefon ist nicht nur gebührenfrei und benutzerfreundlich, es bietet vor allem die Möglichkeit, Dinge miteinander zu besprechen, die nicht für alle Ohren bestimmt sind. Hier können Geheimnisse ausgetauscht werden, aber auch Necken, Quasseln, Plaudern, Schwätzen, Schnattern, Babbeln, Lallen, Näseln und Nuscheln sind erlaubt. Nicht nur Redekünstler und Meisterspione benutzen die Leitung, manchmal sind es einfach nur die Neugierde und der heimliche Wunsch nach Kontakt, der die Kinder mit angehaltenem Atem lauschen läßt.

In der Praxis hat es sich bewährt, zwei Gartenschläuche mit einem 1/2 Zoll Durchmesser in unterschiedlichen Farben zu verwenden. Ein Schlauch für das Hören, der andere zum Sprechen. Die Hörqualität hängt entscheidend von der Dickwandigkeit des Schlauches ab. Jeder Knick blockiert die Leitung, ansonsten können Entfernungen bis zu 30 Meter auch um Ecken und Kurven gemeistert werden. Soll das Schlauchtelefon für eine Weile fest installiert werden, benötigen wir Schellen, die an der Wand zu montieren sind. An den Enden der Schläuche sollten entsprechende Trichter angebracht werden. Auch hier muß zunächst ausprobiert werden, durch welche Trichtergröße das Hören zu optimieren ist.

Für den Sprechschlauch ist es sehr reizvoll das Mundstück einer Trompete oder Posaune zu verwenden. Ausrangierte Exemplare werden manchmal von Musikvereinen verschenkt.

WASCH
(T)RÄUME

„Der Papalagi (Europäer) wohnt wie die Seemuschel in einem festen Gehäuse. Seine Hütte gleicht einer aufrechten Truhe aus Stein. Einer Truhe, die viele Fächer hat und durchlöchert ist.

Jede Truhe – die der Papalagi ein Zimmer nennt – hat ein Loch, wenn sie größer ist, zwei oder noch mehr, durch die das Licht hereinkommt. Diese Löcher sind mit Glas zugetan, das man fortnehmen kann, wenn frische Luft in die Truhen soll, was sehr nötig ist.

In der letzten und kleinsten Truhe wird gebadet. Dies ist der allerschönste Raum. Er ist mit großen Spiegeln verkleidet, der Fußboden mit einem Belag von bunten Steinen verziert und, mitten darin steht eine große Schale aus Metall, in die besonntes und unbesonntes Wasser rinnt. In diese Schale, die so groß ist, ja größer als ein rechtes Häuptlingsgrab, steigt man hinein, um sich zu reinigen."

Aus: „Der Papalagi – die Reden des Südseehäuptlings Tuiavii"

WASCHRÄUME FÜR KINDER

Kinder lieben Waschräume. Für sie hat dieser Ort oftmals eine andere Bedeutung als für uns. Hier läßt es sich wunderbar spielen, und es kann in Eigenregie eine wahre Flut an Experimenten ohne die belehrenden Eingriffe der Erwachsenen erprobt werden. Gemessen an der intensiven Zeit, die in diesem Raum verbracht wird, fristen die meisten Waschräume allerdings ein kümmerliches Dasein. Die Möglichkeit, den Waschraum als schöpferischen Bestandteil in den pädagogischen Alltag einzubeziehen, wird kaum erwogen. Funktionale Kriterien wie Hygiene und Reinigung verdrängen zumeist jeglichen Anspruch an Sinnlichkeit und Kreativität.

Im Standardwaschraum gibt es wenig zu entdecken. Das Geheimnis und die Faszination des Urelements Wasser spiegeln sich selten in der Gestaltungspraxis wider, und kindliche Phantasien bleiben ausgeklammert. Dabei existieren auch in unserem Kulturkreis genügend gute Beispiele, die eindrücklich belegen, wie durch kostbare Mosaike, kunstvolle Spiegel und andere verspielte Details unsere Bäder geschmückt wurden.

Waschräume für Kinder müssen über das rein Dekorative hinaus zum Verweilen, Beobachten und Bespielen einladen. Lichtführung, Raumtemperatur und bewußte Materialauswahl sind für die atmosphärische Belebung unverzichtbare Faktoren. Hohe Decken können mit Netzen oder einem bunten Schirmhimmel abgehängt werden: Wasserhähne in unterschiedlichen Größen und Formen fordern die Wahrnehmung heraus, ein gut plaziertes Prisma sorgt für zauberhafte Lichtreflexe, und bestimmte Pflanzen lieben Feuchträume. Mit einer wohlriechenden Seife und einem Korb voll unterschiedlicher Schwämme wird das Wasser zum lebensspendenden Elixier.

Wasser ist zu kostbar um nicht bespielt zu werden

88

DIE WASSERBAUSTELLE

Neben der atmosphärischen Belebung von Waschräumen muß vor allem auch der Aspekt des Spielens und Experimentierens seinen großzügigen Platz finden. Die Wasserbaustelle ist in ihrer Größe variabel und kann den Gegebenheiten des jeweiligen Kindergartens angepasst werden. Auch hier sollten wir mit den Kindern gemeinsam das Material zusammenstellen.
Das Experimentierwerk ist in jedem Baumarkt oder Sanitärgeschäft erhältlich. Schläuche, Trichter, Siebe, Gießkannen, Blumenbestäuber und andere Alltagsgegenstände sind Materialien, die während des Freispiels jedes Forscherherz höher schlagen lassen. In der Praxis zeigt sich, daß eine gute Materialauswahl und entsprechende räumliche Vorgaben die Attraktivität dieses Spielbereiches deutlich beeinflussen.

Für die Spielmaterialien haben sich an den Wänden entsprechende Ablagevorrichtungen bewährt. Über dem Waschbecken sorgt ein Hängekorb dafür, daß die Materialien nicht tropfnaß einsortiert werden müssen.

Viele der Spiele werden sich zunächst auf das Ein- und Umfüllen von Wasser beschränken. Hier sind Kinder auch im übertragenen Sinne schöpferisch und von großer Ausdauer. Trichter in unterschiedlichen Größen, und Behältnisse mit verschiedenen Öffnungen sowie Meßbecher dürfen hier nicht fehlen. Unterschiedliche Schläuche mit einem Durchmesser von 0,2 cm – 1,5 cm können mit Kupplungsstücken und kleinen Hähnen aus Plastik kombiniert werden. Bei den Schläuchen ist unbedingt darauf zu achten, daß sie durchsichtig sind, damit die Kinder den Lauf des Wassers intensiv beobachten können. Und wer sich über den Wasserverbrauch sorgt, wird jeden Hahn im Kindergarten mit einem gängigen Wasserreduzierstück versehen.

Schwämme, Putzlappen und ein Wischer helfen bei Überschwemmungen und sollten in diesem Bereich für die Kinder frei zugänglich sein.

DAS MOSAIK

Die Geschichte der Mosaike läßt sich bis ins 7. Jahrhundert vor Christi verfolgen. Kunstvolle Kieselsteinmosaike auf den Fußböden der ersten Bäder im Orient gelten als Vorbilder für die herrlichen Thermen der römischen Kultur.
Seitdem schmückt der Mensch mit farbenprächtigen Mosaiken seinen Lebensraum, und heute zeigen namhafte KünstlerInnen wie Niki de Saint Phalle oder Gaudi, daß auch über manchen Materialmix die Technik des Mosaizierens noch zu erweitern ist.

In Waschräumen betonen Mosaike die Kostbarkeit des Wassers und wecken durch ihre bunte Materialkombination Lebendigkeit und Lebensfreude. Im Kindergarten ist es sehr reizvoll, die Fliesen mit Muscheln, Kieseln, bunten Glasscherben und anderen Fundstücken zu kombinieren. Natürlich muß dafür gesorgt werden, daß die einzelnen Kostbarkeiten nicht mehr scharfkantig und nach dem Aufkleben gut verputzt werden. Diese Veränderungen im Waschraum sind von Dauer und sollten deshalb gründlich geplant und sorgfältig ausgeführt werden.

Manch altgedienter Waschraum erlebt eine Renaissance, indem an markanten Punkten die eine oder andere Kachel herausgeflext wird, um diese durch ein Miniaturmosaik zu ersetzen. Auch lassen sich allzu lineare Fliesenreihen durch ein verspieltes Mosaikband brechen und auflockern. Hier zeigt sich, daß ein Mosaik seine volle Pracht nur dort entfalten kann, wo der Raum nicht zu überladen wirkt.

Literatur und weitere Ideen für Räume

Bollnow, Otto Friedrich
Mensch und Raum
Kohlhammer, 1963

Dreisbach-Olsen, Jutta u.a.
Nischen, Höhlen, Hängematten
Kita-Räume verändern sich
Luchterhand, 1998

Hollmann, E. / Hoppe, J.R.
Kinder-Gärten Bauen
Eigenverlag Deutscher Verein, 1994

Hontschik, Claudia
Raumgestaltung und pädagogisches Konzept
Eigenverlag Deutscher Verein, 1985

Kükelhaus, Hugo
Fassen, Fühlen, Bilden
Gaia, 1982

Kükelhaus, Hugo
Unmenschliche Architektur
Gaia, 1973

Kükelhaus, Hugo
Hören und Sehen in Tätigkeit
Klett & Balmer, 1978

Kroner, Walter
Architektur für Kinder
Krämer, 1994

Mahlke, Wolfgang
Raum für Kinder
Beltz, 1989

Miedzinski, Klaus
Die Bewegungsbaustelle
Verlag modernes Lernen, 1983

Regel, G. / Wieland, A.J.
Offener Kindergarten konkret
E.B. Verlag, 1993

Schneider, Kornelia
Krippen-Bilder
FIPP, 1992

Urban, Mathias
Räume für Kinder
Eigenverlag Deutscher Verein, 1997

Würtenberger, Franzsepp
Die Architektur der Lebewesen
INFO, 1989

Weiterführende Literatur zum Genießen und Schmökern:

Zelte, phantasievolle Bauten und Märchenhaftes:

Kalberer, Marcel
Ethno Zap Bau Boom
Tipis, Jurten, Schwarze Zelte
Piper MedienXperimente, 1996

Kalberer, Marcel
Rock'n Roll der Architektur
Pieper MedienXperimente, 1990

Courtney-Clarke, Margaret
Die Farben Afrikas
Frederking und Thaler München

Ebert, Wolfgang
Home Sweet Dome
Träume vom Wohnen
Verlag Fricke, 1981

Friedensreich Hundertwasser
Architektur
Taschenverlag, 1998

Hulten, Pontus
Niki de Saint-Phalle
Verlag Gerd Hatje, 1995

Lauber, Wolfgang
Architektur der Dogon
Prestel, 1998

Lovatt-Smith, Lisa
Interieurs in Marokko
Taschen, 1995

Rusponi, Mario
Die Höhlenmalerei von Lascaux
Bechtermünz Verlag, 1998

Zerbst, Rainer
Antonio Gaudi
Taschenverlag, 1993

Terrassen und verspielte Gärten:

Conran, Terence
Der Garten als Wohnraum
DuMont, 1991

Lange, Udo / Stadelmann, Thomas
Spielplatz ist überall
Herder, 1996

Stevens, David
Das Garten-Ideenbuch
DuMont, 1995

*Werkstätten, Ateliers und
Erfahrungsbereiche für Kinder:*

Bostelmann, Antje / Mattschull, Heiko
Bananenblau und Himbeergrün
Geschichten aus dem Kinderatelier
Luchterhand, 1999

Schuyt, Michael / Elffers, Joost
Die Radieschen-Maus im Käseloch
Phantasievoller Ratgeber für vergnügte
Köche
DuMont, 1982

Seitz, Rudi
Kinderatelier
Ravensburger, 1994

Van der Mer, Ron Whitford, Frank
Das Kunstpaket für Kinder
ars edition, 1996

Brücken, Hajo
Knopfspiele
Hugendubel, 1986

Frutiger, Dorothea
Dreizehn Dreckgeschichten
Orell Füssli, 1985

Der Papalagi
Ein Südseehäuptling erlebt unsere Zivilisation
Klett, 1982

AUTOREN

Udo Lange (*1953)
Diplom-Sozialpädagoge, arbeitet als Fortbildner, Autor und Spielraumplaner

Thomas Stadelmann (*1961)
Diplom-Sozialpädagoge, arbeitet als Spielraumplaner, Autor und Bildender Künstler

Die beiden Autoren gründeten 1991 die Pädagogische Ideenwerkstatt BAGAGE in Freiburg. In dem gemeinnützigen Verein arbeiten Pädagogen, Künstler, Planer und Handwerker an Spielraumkonzepten mit Zukunft. Ihre Mitmachaktionen und Bau-Happenings haben die Spiellandschaft verändert und eine Vielzahl sinnlicher Spuren hinterlassen.

PUBLIKATIONEN

Spielplatz ist überall – Lebendige Erfahrungswelten mit Kindern planen und gestalten, Hermann Luchterhand Verlag 2001

Ein Garten für Kinder, Eigenverlag 1997
Pausenhöfe machen Schule, Eigenverlag 1996
Naturhäuser, Flechtzäune und Laubengänge, Eigenverlag 1995
Pausenhöfe verändern sich, Eigenverlag 1994
Ein Garten für die Sinne, Eigenverlag 1999

Freiräume und Kinderträume – eine Wanderausstellung
In jedem Garten liegt ein Paradies – Spiel-Plätze in Kindergärten. Eine Mutmach-Ausstellung

Information und Bestellung:
Pädagogische Ideenwerkstatt BAGAGE e.V.
Habsburgerstr. 9 · D-79104 Freiburg
Tel. 0761-55 57 52 · Fax 0761-5 21 29
www.bagage.de

DANK

Die Fotografien für dieses Buch entstanden im Laufe der letzten Jahre bei unseren Besuchen in zahlreichen Kindergärten. Wir möchten an dieser Stelle den namentlich aufgeführten Einrichtungen für ihr Engagement danken, denn wir konnten nur jene Ideen fotografisch dokumentieren, die im Kindergartenalltag mit Leben gefüllt wurden:

Kinderhaus Edith Stein, Konstanz (14, 15); Katholischer Kindergarten St. Franziskus, Singen (17); Evangelischer Kindergarten, Sexau (23); Laufkrippe Buhrowstraße, Berlin (25); Katholischer Kindergarten St. Elisabeth, Lahr-Sulz (27, 35); Gemeindekindergarten Bad Bellingen (39); Gemeindekindergarten Inzighofen (31); Katholischer Kindergarten St. Peter, Walldorf (33); Gemeindekindergarten Degernau, Wutöschingen (41); Katholischer Kindergarten St. Elisabeth, Endingen (51); Kommunaler Kindergarten Pusteblume, Neulußheim (65); Kindergarten und Schulkindergarten der Maria-Ward-Schwestern, Würzburg (69); Pestalozzi-Kindergarten, Markdorf (77); Katholischer Kindergarten St. Remigius, Heddesheim (89, 91)

Zeichnungen:
Beate Stiebe (70, 71, 72)
Yannic Stadelmann
Emilia Miguez
Die Kinder des Kindergartens Sinich/Meran aus Südtirol

Fotos:
Titel: Sally & Richard Greenhill
Christine Albert (7)
Heinrich Bröckelmann (53)
Gisela Hermann (42/43)
Albert Josef Schmidt (27, 35, 47)
alle anderen Fotos
Udo Lange und Thomas Stadelmann